OEUVRES

DE

MOLIERE

ILLUSTRATIONS

PAR

MAURICE LELOIR

LE SICILIEN

1890

PARIS

CHEZ ÉMILE TESTARD, ÉDITEUR

10, RUE DE CONDÉ, 10

M D CCC XC

OEUVRES

DE

J.-B. P. DE MOLIÈRE

LE SICILIEN

JUSTIFICATION DU TIRAGE

Il a été fait pour les Amateurs un tirage spécial sur papier de luxe à 550 exemplaires, numérotés à la presse.

			NUMÉRÒS
125 exemplaires su~ papier du Japon.			1 à 125
75	—	sur papier de Chine.	126 à 200
150	—	sur papier Vélin à la cuve.	210 à 350
200	—	sur papier Vergé de Hollande.	351 à 550

OEUVRES

DE

MOLIERE

ILLUSTRATIONS

PAR

MAURICE LELOIR

NOTICES

PAR

A. DE MONTAIGLON

LE SICILIEN

1890

PARIS

CHEZ ÉMILE TESTARD, ÉDITEUR

10, RUE DE CONDÉ, 10

MDCCCXC

NOTICE DU SICILIEN

ILLIAM SHAKSPEARE est non seulement un grand homme, mais un génie ; Molière aussi. Ils ne se ressemblent pas du tout, si peu même qu'un Parallèle à la façon de Plutarque : « L'un est plus ceci — L'autre est plus cela, » serait parfaitement ridicule. Il y a pourtant un tout petit point, où une question, sinon semblable, au moins analogue, se pose à propos de l'un comme de l'autre.

Il y a des scènes dans Shakspeare, où les érudits Anglais ne sont pas du même avis. Pour les uns, c'est de la prose ; pour les autres, ce sont des vers blancs non rimés. C'est un point dont un étranger ne peut vraiment pas être juge. De notre côté il se trouve qu'à propos d'une Pièce de Molière, et de la Pièce tout entière, on est en face d'une question du même genre.

Tous les annotateurs l'ont dit ; il y a, pour eux, beaucoup de vers dans le *Sicilien ;* mais ils n'ont pas vu que, du commencement jusqu'à la fin, il n'y a pas autre chose. C'est ce qui fait que cette édition l'imprime aujourd'hui, pour la première fois, en vers libres non rimés.

Pas mal d'honnêtes gens — ce serait toute une bibliographie — trouvant que la prose n'est pas digne du Théâtre, et que, si Molière avait malheureusement écrit des Pièces en prose, c'est qu'il n'avait pas eu le temps de les rimer, se sont imaginés qu'il fallait réparer sa faute et le mettre en vers. Ils l'ont fait, et pas un n'y a réussi. Ce ne sont que des curiosités de bibliophiles, qui d'ailleurs ont raison de les trouver plus sots les uns que les autres.

En réalité c'est un soir, dans une maison amie, qu'on m'a demandé, d'un coup droit en pleine poitrine, si le *Sicilien* était en vers ou en prose. J'ai répondu savoir, comme tout le monde, qu'il y avait beaucoup de vers, et j'ai cité le couplet classique : « Il fait noir comme dans un four, » etc. Mais j'ai ajouté que sur l'ensemble je ne savais rien, me retranchant derrière cette excellente loi, qu'on m'a apprise et que personne ne suit assez, de ne pas avoir d'opinion quand on n'en a pas, de sorte que, pour en avoir une, il faut commencer par examiner la question et l'étudier. On voit d'ici comment j'ai été traité. En rentrant, comme il est fort ennuyeux de chercher des livres à la lumière, au lieu de regarder les commentateurs et les éditions annotées — j'en ai forcément une bibliothèque — j'ai pris la première édition venue, sans aucune note.

En la lisant, à la troisième scène mon opinion était presque faite. Aussi, au lieu de continuer, me suis-je mis à copier en coupant les vers. Si cela durait, c'est que c'était la vérité ; si l'on tombait à un moment dans un fossé infranchissable, il y aurait eu, sinon hasard, au moins une telle inégalité et un tel manque de suite qu'il fût devenu impossible de penser et de dire que le *Sicilien* était en vers. En quelques heures, la copie était faite, de la première ligne jusqu'à la dernière, et les points d'interrogation étaient trop peu nombreux pour mettre en doute la réalité du fait.

Quelques amis, à qui j'en ai parlé, m'ont demandé de prendre cela comme sujet pour une Conférence au Cercle Saint-Simon. Je l'ai faite — il y a déjà longtemps — en décembre 1883, et j'avais l'intention de m'y tenir aux passages les plus importants. Mais quelques-uns, certainement les meilleurs juges, ceux qu'il fallait gagner et convaincre, étaient venus, avec leur volume sous le bras, pour suivre et voir s'il n'y avait ni trous ni accrocs.

Si je n'avais pas été prêt du commencement jusqu'à la fin , on voit ce qui me serait tombé sur la tête. Il a fallu tout lire, et discuter beaucoup, ce qui a été excellent ; j'avais encore quelques très rares passages où j'hésitais d'une façon ou d'une autre, où je ne ne savais comment couper, où je proposais de s'en tirer en supprimant ou en ajoutant un mot indifférent, d'une seule syllabe, comme *et, car* ou *mais.* Quelques-uns des auditeurs, en particulier M. Arsène Darmesteter, hélas, mort depuis, et M. Gaston Pâris ont résolu les derniers doutes, et le texte coupé en vers est sorti de cette épreuve dans toute sa pureté et sans modification aucune. Depuis il a été soumis à de nouvelles épreuves. Deux excellents Moliéristes — le mot a maintenant droit de cité — M. Monval, de la Comédie-Française, M. Marck, du Théâtre de l'Odéon, m'ont fait l'amitié de l'éplucher en détail, chacun de leur côté, et la conclusion a été la même.

Les combinaisons des lettres isolées étant infinies, un paradoxe mathématique s'est amusé à dire qu'il ne serait pas absolument impossible qu'assez de lettres jetées au hasard ne pussent bien finir par arriver à se retrouver dans l'ordre des mots de l'*Iliade.* Ce serait une merveilleuse simplification, le moyen de retrouver tous les chefs-d'œuvre perdus, de remplir toutes les lacunes des textes mutilés ; il ne serait pas plus difficile d'avoir de cette façon d'excellentes traductions dans toutes les langues, et il serait bien agréable de s'en servir pour créer ainsi de toutes pièces de nouveaux chefs-d'œuvre. Malheureusement la chose est si hypothétique qu'il n'y a pas lieu d'essayer ; ce serait de la folie pure. Il y a, dans pas mal de textes, latins ou français, du moyen âge, des acrostiches, parfois très longs ; c'est déjà quelque chose que de s'en apercevoir et de les dégager ; mais on n'en trouve jamais là où on n'en a pas mis, et le hasard n'en fait pas.

Pour en revenir à Molière, on a pu signaler dans le *Don Juan,* dans le *Bourgeois Gentilhomme,* et surtout dans l'*Avare,* des phrases, des couplets même, en vers non rimés ; mais, ni avant, ni après le *Sicilien,* on ne trouve dans son œuvre une autre Comédie en prose qui soit en vers ; le *Sicilien* est l'unique exception. Une fois le fait acquis, et il est impossible de ne pas s'y rendre, on ne peut plus le lire autrement, et, pourvu qu'on ait de l'oreille et le sentiment des vers, n'importe qui le referait de son côté. Il pourrait y avoir exceptionnellement des variations dans la coupure ; l'un verra deux vers de six syllabes, là où un autre en verra un de douze ; mais, des deux façons, si le rythme semble différer, ce ne sera jamais de la prose, mais toujours des vers, scandés et arrêtés selon les mesures de l'harmonie poétique.

Il faut ajouter que le *Sicilien* y gagne plus qu'on ne le croirait. Non seulement, une fois qu'on l'a reconnu et senti, le rythme s'impose et ne se tait plus, mais les yeux, comme l'oreille, ne peuvent plus que lui obéir et le suivre. Ainsi le couplet d'Isidore sur ce qu'elle demande à son peintre sur son portrait est à coup sûr plus spirituel, et plus léger à la fois, que si on le dit en prose. Quand Dom Pèdre furieux demande toutes les armes de son arsenal, la valeur d'accent est bien autrement sonore quand c'est une envolée de vers de huit pieds. Quand Isidore et Adraste parlent et se répondent, leur duo chante et devient une musique. Quand Dom Pèdre et Adraste échangent, le premier ses indulgences surprenantes et le second ses feintes colères, les vers alexandrins sonnent d'un ton clair et d'un air absolument Cornéliens. Enfin, dans la dernière scène, qu'on supprime trop souvent au Théâtre, car elle est charmante, le contraste est amusant des grands vers sérieux du malheureux Dom Pèdre et des petits vers sautillants du Sénateur ; la note finale est d'autant plus agréable qu'elle est nouvelle. En somme, à la scène, le charme serait bien plus sensible qu'à la lecture, et le *Sicilien* y aurait un mouvement plus vif, plus ailé, plus brillant et plus lumineux. On y viendra un de ces jours ; les acteurs, le public et Molière y gagneront également.

Interrompons-nous pourtant un moment pour ne pas oublier des faits nécessaires à l'histoire du *Sicilien*. Il fut joué pour la première fois à la Cour, le 14 juillet 1667, comme la quatorzième Entrée dans les dernières représentations du *Ballet des Muses*, et ne parut à la Ville, sur le Théâtre du Palais-Royal, que le 10 juin, à cause d'une grave maladie de Molière, qui y jouait, comme dans toutes ses Pièces. On a quelquefois cru qu'il y avait tenu le rôle d'Hali, le plus brillant à la fois et le plus gai. C'est une erreur ; il s'était chargé, comme il avait fait d'Arnolphe, de celui de Dom Pèdre ; son inventaire nous apprend même que son costume, celui de tous dont la prisée est la plus haute, était magnifique. C'était un cadeau du Roi, et celui-ci a fait plus que de s'intéresser au *Sicilien* puisque lui-même, entouré de Courtisans de marque, puisque MADAME et Mlle de la Vallière y ont figuré et dansé avec le costume de Maures et de Mauresques de Qualité.

Du vivant de Molière on n'a joué le *Sicilien* que vingt fois, mais on l'a représenté soixante-quatorze fois sous le règne de Louis XIV et quatre vingt-dix fois sous Louis XV. Il n'y a pas d'autre petite Pièce de Molière qui ait été si souvent reprise ; elle ne cesse, et elle ne cessera pas de l'être.

Rien qu'un mot rapide sur les origines. Quand on est venu dire, comme toujours, que Molière a pris une Pièce Italienne, qui n'a d'ailleurs jamais été trouvée ; quand on a très justement prouvé, ce qui est curieux, qu'il y a eu en Sicile des esclaves jusqu'au commencement de notre siècle ; quand on a cherché à lui imposer une origine Languedocienne jusque dans les Commanderies méridionales de l'Ordre de Malte, — où il devait y avoir eu des esclaves au dix-septième siècle, — cela importe-t-il, et Molière en avait-il besoin ? Plaute et Térence, qu'il connaissait bien, lui auraient suffi. Les héroïnes de l'*Etourdi*, et plus tard des *Fourberies de Scapin* ne sont-elles donc pas aussi des Esclaves ? Le déguisement du voile de Climène a été signalé dans l'*Homme caché et la Femme voilée* — *El Escondido y la Tapada* — de Calderon, et l'amoureux Peintre est déjà dans une Nouvelle des *Facétieuses journées* de Gabriel Chapuis. D'ailleurs, avec l'habitude de Molière de se reprendre en se renouvelant, qu'est-ce que l'Arnolphe et l'Agnès de l'*Ecole des Femmes* ? Agnès, que personne, jusqu'à présent du moins, n'a fait naître dans le Midi, n'a-t-elle pas la même jeunesse qu'Isidore et qu'est-ce que Dom Pèdre, si ce n'est la doublure d'Arnolphe ?

En réalité, comme sujet et comme action, rien de plus simple que le *Sicilien*. Un homme d'un certain rang s'est payé une Esclave ; M. de Ferriol, fort postérieur à Molière, a-t-il fait autre chose quand il a acheté tout enfant Mademoiselle Aïssé ? Le barbon l'aime à sa façon et en veut faire sa Femme ; il est jaloux, et il est plus que mûr, par suite haïssable de deux façons. Là-dessus un galant homme, ce qui ne se voit pas toujours, intervient. Il est amoureux et il est jeune ; Isidore ne choisit même pas, elle va où elle doit aller. Rien n'est plus naturel ; c'est aussi vieux et aussi naïf que le dernier des vaudevilles en un acte.

De ma jeunesse et même de mon enfance, je me souviens d'un vieux refrain, dont je serais plus qu'embarrassé de retrouver le texte : « C'est la façon de le faire — Qui fait tout », ce qui est la vérité même. Tous les systèmes philosophiques, toutes les pensées, tous les thèmes, toutes les situations, toutes les péripéties, comiques ou dramatiques, sont vieux comme le Monde et dureront autant que lui ; ce ne sont que des retrouvailles ou des répétitions. Ce qui diffère et ce qui différera toujours, c'est l'habit ; c'est la mode, la façon de dire, de traiter les mêmes choses d'une autre manière. C'est là, et là surtout, où la personnalité et la valeur se révèlent. Quand le bégaiement naïf du Bridoison de Beaumarchais parle de la « fo-o-o-rme », il parle d'or.

Revenons à la question, à la fois ancienne et nouvelle, de la métrique du *Sicilien*.

On a plus d'une fois imprimé des vers comme de la prose sans coupure et sans grandes lettres initiales. De nos jours, Théophile Gautier, dans un feuilleton dramatique de la *Presse* ou du *Moniteur,* et Alphonse Karr, dans ses *Guêpes,* se sont amusés à cette fantaisie. Ils ne savaient probablement pas qu'au xvie siècle, dans la traduction que Claude de Seyssel, mort en 1520, Archevêque de Turin, après avoir été Evêque de Marseille, avait faite du Traité de Sénèque sur les Vertus Cardinales, imprimée à Lyon seulement en 1556, plusieurs chapitres, en apparence en prose, sont en vers rimés. Ces curiosités ne sont pas ici notre affaire. Il est plus à propos de rappeler, certainement d'une façon très incomplète, les essais de Pièces en vers libres.

On penserait tout d'abord aux Opéras de Quinault ; mais ses Pièces de théâtre, qui vont de 1653 à 1666, sont en vers réguliers, et ses Opéras, qui vont de 1672 à 1686, par conséquent après ses propres Intermèdes de *Psyché,* qui est de 1671, sont postérieurs au *Sicilien.* Il faut aussi laisser en dehors la *Comédie des Chansons,* de 1640, qu'on donne à Timothée de Chillac ou à Beys ; c'est une marqueterie de strophes et de vers de chansons cousus bout à bout, par conséquent en vers irréguliers, mais non pas en vers libres voulus, puisque ce n'est qu'un centon. Il en est de même de l'*Inconstant*, « Pastorale en Chansons », de 1661.

Si la plus ancienne Pièce à citer paraît être la Chinalire, femme d'Hypolite, « Tragédie en vers libres » et avec des chœurs, du Beaunois Claude Rouillet, Paris, 1563 — une Pièce de 1627 d'Honoré d'Urgé, l'auteur de l'Astrée : « *La Sylvanire*, ou *La morte vive*, Fable bocagère en cinq actes, en vers blancs de différentes mesures, avec des Chœurs en vers à rimes plates, serait bien plus dans la question. Une Pièce, tout à fait voisine, semblerait y être encore plus ; c'est l'*Agésilas* « en vers libres », qui est de 1666; le grand Corneille les a donc essayés dans la Tragédie, et par là il semblerait que, pour le Théâtre, les vers libres fussent comme dans l'air. Molière lui-même, dans ses Intermèdes, en avait écrit pour la Musique, et il ne faut pas oublier que son *Remerciement au Roi*, qui est de 1663, est déjà en vers libres.

Mais tout cela ne suffit pas ; il faut une raison plus réelle et plus déterminante. Ne serait-elle pas plutôt dans l'œuvre de La Fontaine ? Ses premiers *Contes* ont été imprimés en 1661 ; les six premiers livres de ses *Fables* ne l'ont été qu'en 1668, un an après le *Sicilien*; mais, malgré leur exquise apparence de facilité, on sent combien leur auteur les a travaillées, combien il les a remises sur le métier, combien, dans le détail, il les a modifiées, reprises, corrigées, récrites, et l'on ne saura jamais depuis combien de temps il les avait commencées. Molière — leur intimité en est un sûr garant — n'a pas pu ne pas connaître à mesure l'œuvre de son ami. Comme il n'était pas envieux et qu'il savait admirer les autres, il a vu le parti que La Fontaine tirait le premier de cette forme, dans laquelle il est maître comme personne, et dans laquelle nul, sauf Molière, ne l'a été, après comme avant lui. Il est donc naturel que Molière se soit demandé si lui aussi ne pourrait pas y réussir et la transporter au Théâtre; mais la tentative était hardie, et plus d'un l'a condamnée.

Ainsi Chapuzeau, qui écrivait en 1675, après la mort de Molière la blâme absolument : « Pour les vers irréguliers, je ne trouve pas, avec bien des gens, qu'ils plaisent fort au Théâtre, et ils ne sont agréables que dans un Madrigal et une Chanson. » Plus tard Voltaire s'y est essayé

dans *Tancrède* et n'y a pas réussi ; mais, bien avant *Psyché*, Molière a écrit
de la sorte *Amphitryon*, on sait avec quel bonheur.

Or l'*Amphitryon* est la Pièce qui a suivi immédiatement le *Sicilien* ; l'un
est de 1667 et l'autre de 1668. Ne s'ensuit-il pas, comme forcément, que,
sans se préoccuper de la rime, qu'il a écrit, pour lui-même, le *Sicilien* en
vers libres pour se rompre à la mesure irrégulière, en étudier l'harmonie
et se rendre maître de ses difficultés et de ses ressources. C'est en écri-
vant le *Sicilien*, comme un musicien assouplit ses doigts avec des études de
gammes, c'est en se montrant à lui-même ce que cette forme lui pouvait
donner, qu'il s'est fait la main pour écrire l'*Amphitryon*, en profitant de
cette étude et de cette préparation. C'est à cela qu'il doit d'avoir, comme
du premier coup, atteint la perfection du genre, et l'explication s'impose.
Il y a, dans cet apprentissage de l'outil, une raison de date à la fois et
une trace de préoccupation et d'inquiétude auxquelles il semble difficile
de ne pas se rendre. Ce ne sont ni les essais au Théâtre, aussi rares qu'in-
signifiants, ni les livrets imprimés des Ballets, où les vers irréguliers abon-
dent, qui ont été son modèle et son point de départ ; c'est à l'exemple de
La Fontaine, c'est pour le suivre et l'égaler qu'il doit d'avoir voulu,
lui aussi, écrire en vers libres et qu'il a commencé par se condamner
à cette gymnastique, dont un esprit aussi solide, dont un artiste aussi
sérieux pouvait seul être capable.

En voici une preuve qui résulte de la comparaison des deux Pièces.
Dans le *Sicilien* il y a un certain nombre de petits vers ; il n'y en a plus
dans l'*Amphitryon* et les coupes rares, comme les vers de neuf pieds et
les vers de dix, césurés au milieu, en ont disparu. Les délicatesses du
détail, les recherches de ciselure ont leur place et leur prix dans une
pièce courte, où le détail peut se pousser et se parfaire comme sur un vase
ou sur un bijou d'orfèvrerie, puisqu'on a tout le loisir de s'y arrêter et
d'en jouir. L'optique et la reculée du Théâtre exigent moins de finesse et
commandent plus de simplicité. Dans l'*Amphitryon*, instruit là-dessus
par l'expérience de sa tentative dans le *Sicilien*, Molière s'est interdit de
se perdre dans une trop grande variété et n'est pas descendu au-dessous
des vers de sept pieds. Il est évident qu'il a eu pleinement raison ; la
sonorité du théâtre, qui doit porter au delà de la rampe, doit rester large

et ne pas se risquer et se perdre à des minuties, qui n'y seraient que de l'affectation.

Aucun de ceux qui ont parlé du *Sicilien* n'a manqué de dire qu'il y a beaucoup de vers. La transcription de leurs opinions successives serait fort intéressante, mais sortirait trop de la mesure de ces Notices. Pour les uns c'est affaire de hasard ; pour d'autres, Molière aurait commencé par écrire en vers, et pressé par le temps, aurait effacé les rimes, explication inadmissible, car il n'aurait pas manqué de rompre la mesure et il faudrait aussi qu'à un moment on ne rencontrât plus que de la prose. Tout le monde a donc touché plus ou moins à la question ; ceux qui y ont été le plus loin, et qui en ont le mieux parlé, sont certainement M. Mesnard, dans l'édition des grands Classiques, en 1881, et, l'année suivante, M. Pougin dans une Plaquette sur *Molière et l'Opéra-Comique ;* un peu plus ils touchaient au but, avant lequel ils se sont arrêtés. Le *Sicilien* — cette réimpression en donne la preuve complète — est entièrement composé de vers libres, sauf un seul passage, la lettre d'introduction de la dixième scène qui se refuse absolument a être coupée en vers, et il est à remarquer que, dans l'*Ecole des Femmes*, la lettre d'Agnès, et, dans le *Misantrope*, celle de Célimène, sont de même en prose. Dans les trois cas, c'est pour augmenter la vraisemblance et contraster avec le cadre qui les entoure.

On trouve, à juste titre, que ce qu'on a appelé « la prose cadencée » du *Sicilien* lui ajoutait une grâce particulière. Ce n'était pas l'avis ancien. Une note malveillante du *Ménagiana* de 1715 dit que la prose de Molière est « ampoulée, poëtique, remplie d'expressions précieuses et toute pleine de vers « de six, de cinq ou de quatre pieds ». C'est trop peu dire ; il y en a de sept, de huit, de dix, et de douze, même de neuf ; le seul absent est celui de onze, auquel le français est rebelle. D'une façon plus générale, Bayle dans la Préface de son *Dictionnaire*, ne dit-il pas : « La prose Française est toute pleine de vers, si l'on n'est en garde contre « ce défaut. » Lessing, dans sa *Dramaturgie*, va plus loin encore : « Les « vers français se tiennent en général si près de la prose qu'il faudrait se « donner bien de la peine, si peu qu'on écrivît en style soigné, pour ne « pas rencontrer des vers tout faits, auxquels il ne manque que la rime.

« Et c'est surtout aux personnes qui ne font pas de vers, que de pareils
« vers peuvent échapper, par là même qu'elles n'ont pas l'oreille faite à
« la mesure et qu'elles ne savent pas plus les éviter que les trouver, »
de sorte qu'on commet d'autant plus de vers qu'on en est plus incapable ; le raisonnement est plus que singulier. Dans le *Sicilien*, Molière
n'en a écrit que parce que c'était ce qu'il voulait faire.

Je faisais tout à l'heure allusion au travail de M. Pougin. Il a si bien
traité la question de Molière et de l'Opéra-Comique, dont il lui donne la
paternité, qu'il n'y a pas lieu d'y revenir ; mais il est impossible de ne
pas dire combien ceux qui ont eu l'idée très naturelle de refaire de la
musique sur le *Sicilien* ont eu le tort de ne pas voir que Molière avait
écrit d'avance leurs paroles et qu'ils n'avaient rien à y changer.

Le *Sicilien*, représenté devant LL. MM. à Versailles le 10 mai 1780
avec la musique et les ariettes de D'Auvergne, avait été « arrangé » par
Le Vasseur. L'Opérette allemande d'*Adraste et Isidore* qui est de la même
époque, comme le Ballet donné à notre Opéra en 1827, échappent à
ce reproche, mais Castil-Blaze nous dit lui-même qu'il l'a encouru :
« Le *Sicilien*, Opéra-Comique, rythmé par Castil-Blaze, musiqué par
« Justin Cadaux, ouvrage demandé, conséquemment reçu par la Direc
« tion de l'Opéra-Comique, et reposant depuis trois ans passés — il
« écrivait en 1852 — dans les cartons de ce Théâtre. » En 1859
M. Joncières a débuté comme compositeur en faisant représenter un
Sicilien à l'Ecole lyrique de la rue de La-Tour-d'Auvergne ; s'était-il contenté de refaire la musique des Intermèdes pour remplacer celle de Lully ?
C'est ce qu'a fait en 1881 un excellent violoniste, M. Eugène Sauzay,
qui a publié et la musique de Lulli et la sienne en un élégant volume ; il
a, lui aussi, fort bien parlé des vers qui sont dans le *Sicilien*. S'il l'avait su
tout en vers, peut-être l'aurait-il mis tout entier en musique, ce qui serait
certainement à faire. Plus récemment M. Wekerlin a écrit la partition
d'un *Sicilien* qui allait être joué à l'Opéra-Comique quand le théâtre a
brûlé ; comme on parlait comme son collaborateur de M. Morel-Retz,
plus connu sous son pseudonyme de Stop, c'est celui-ci qui a dû être le
parolier arrangeur. Il n'en serait pas besoin ; en dehors du récitatif, il y a
des couplets tout prêts à devenir des airs, et bien des parties de dialogues

sont des duo et des trio tout coupés. Aussi est-il un peu étonnant que Castil-Blaze ait cru devoir rythmer « le Sicilien ». Son thème ordinaire, et il y revient incessamment dans son *Molière musicien*, c'est que la rime est l'ennemie de la poésie et surtout de la musique, qu'il faut la supprimer et que, pour la musique, les vers blancs lui sont bien supérieurs. Il est amusant que, les ayant sous la main, il soit passé à côté sans les prendre et sans les donner comme preuve de son opinion ; on ne s'avise jamais de tout.

Certaines formes sont particulières aux vers ; ainsi l'emploi de la double forme *jusque* et *jusques*, non élidable, pour avoir, selon le besoin, un seul pied ou deux pieds, et de fréquentes inversions, qu'on ne ferait pas en prose :

> *Je veux jusques au jour les faire ici chanter...*
> *— Si faut-il bien pourtant trouver quelque moyen...*
> *— A quoi bon de dissimuler ?*
> *— De la façon qu'elle a parlé...*
> *— Mais je m'en vais prendre mon voile ;*
> *Je n'ai garde sans lui de paroitre à ses yeux...*
> *— Je vous fasse toucher dans la main l'un de l'autre, etc.*

Il y aurait même lieu d'entrer dans le détail des difficultés, d'ailleurs rares, qui ont empêché de voir complètement la vérité, mais la suite des citations et des renvois serait, par malheur, trop minutieuse pour ne pas trop dépasser les bornes de cette Notice, et ce serait beaucoup plutôt l'affaire de notules au bas des pages. Indiquons-les rapidement, avec la solution, par des exemples tirés des autres Pièces de Molière en vers rimés.

Les hiatus sont assez nombreux, au moins une vingtaine ; mais ailleurs ils ne sont pas rares. Sganarelle ne dit-il pas :

> *Du conseiller* Mathieu, *ouvrage de valeur ?*

Le *Misanthrope* en aurait à revendre :

> *Une heure au grand soleil,* tenu hors *de ma chaire...*
> *— Et, les deux bras croisés,* du haut *de son esprit.*
> *— Oui, oui, je l'ai perdu, etc.*

On y peut joindre cet autre hiatus du *Jodelet* de Scarron :

> « *Demeure, ou tu es mort.* »

Il y a quelques *e* muets intérieurs, qui fausseraient le vers s'ils comptaient, ainsi :

> *Que sa jalousie nous fait faire...*
> — *Je vous prie de me haïr,*

mais ils ne comptent pas, témoin le vers des *Fâcheux* :

> *A la queue de nos chiens, moi seul avec Drécart,*

celui d'*Amphitrion* :

> *C'est d'être Sosie battu,*

et celui de La Fontaine dans le Conte du petit chien :

> *Bon ! jurer ! Ce serment nous lie-t-il davantage ?*

Tantôt il faut contracter des syllabes, tantôt les détacher ; ainsi *possession* est, une fois, de trois syllabes et une autre de quatre ; *diantre* ne compte que pour deux et *gay-e-té* compté pour trois, comme dans les *Tragiques* d'Agrippa d'Aubigné et dans ce vers de *Don Garcie* :

> *Mais je vous avouerai que cette gay-e-té.*

Dans l'alexandrin d'Hali, il faut dire :

> *J'en es-say-e-ray tant de toutes les manières*

puisqu'on trouve *pay-e-rez* dans le *Tartuffe*.

Enfin la Pièce se termine par un vers particulièrement curieux.

Bien des éditions ont donné *avec*, qui rend le vers boiteux, pour moderniser et se conformer à l'orthographe de la ligne précédente ; dans les éditions du xviie siècle on lit, comme dans l'édition originale, *avecque*, forme archaïque qui convient à la mesure. De même qu'on entend dire à Caritidès :

> *Dont la bouche écoutée avecque poids débite...,*

et que le second Acte des *Fâcheux* finit par :

> *Cherchons à m'excuser avecque diligence,*

le *Sicilien* se conclut par :

> *Diantre soit le Fâcheux avecque son affaire.*

Il eut été facile de reconstituer le vers en ajoutant la syllable complémentaire, et la restitution eut été certaine, tant elle est simple ; mais il n'y a qu'à suivre le texte des vieilles impressions ; il est meilleur d'avoir à ne s'appuyer que sur elles, et il est curieux que le vers final se trouve affirmer la réalité de tous ceux qui le précèdent.

En somme, Molière a écrit volontairement tout le *Sicilien* en vers libres non rimés ; la preuve s'en fait de soi, par lui-même et par lui seul. Il n'y a ici ni un mot de plus, ni un mot de moins. Tout reste à sa place ; il n'y a rien de retranché, rien d'ajouté, rien de modifié. C'est le texte de l'édition originale, coupé en lignes de vers au lieu d'être imprimé sans interruption comme de la prose, et l'on est en droit de défier, non pas de prouver, mais même de dire qu'on y a mis du sien, si peu que ce soit, et qu'on y a changé quelque chose.

ANATOLE DE MONTAIGLON.

LE SICILIEN

ou

L'AMOUR PEINTRE

Maurice Leloir del.   Emile Testard, Editeur   Géry-Bichard sc.

LE SICILIEN

Imp. A. Salmon & Ardail Paris.

LE SICILIEN

ou

L'AMOUR PEINTRE

COMEDIE

PAR

J.B.P. DE MOLIERE

A PARIS

CHEZ JEAN RIBOU, AU PALAIS,

VIS A VIS LA PORTE DE LA S. CHAPELLE,

A L'IMAGE S. LOUIS

M.DC.LXVIII

AVEC PRIVILEGE DU ROY

ACTEURS

ADRASTE, Gentilhomme François, Amant d'Isidore.

D. PÈDRE, Sicilien, Amant d'Isidore.

ISIDORE, Grecque, Esclave de D. Pèdre.

CLIMÈNE, Sœur d'Adraste.

HALI, Valet d'Adraste.

LE SÉNATEUR.

LES MUSICIENS.

TROUPE D'ESCLAVES.

TROUPE DE MAURES.

DEUX LACQUAIS.

LE SICILIEN

ou

L'AMOUR PEINTRE

SCÈNE PREMIÈRE

HALI, Musiciens

HALI aux Musiciens :

HUT..... N'avancez pas davan-
    tage
Et demeurez en cet en-
    droit,
Jusqu'à ce que je vous ap-
    pelle.
— Il fait noir comme dans
    un four;
Le Ciel s'est habillé, ce soir, en Scaramouche,
    Et je ne vois pas une Étoile
    Qui montre le bout de son nez.

XIX.

— Sotte condition que celle d'un Esclave,
De ne vivre jamais pour soy
Et d'estre, toujours, tout entier,
Aux passions d'un Maistre,
De n'estre réglé que par ses humeurs,
Et de se voir réduit
A faire ses propres affaires
De tous les soucis qu'il peut prendre.
Le mien me fait icy
Épouser ses inquiétudes,
Et, parcequ'il est amoureux,
Il faut que, nuit et jour, je n'aye aucun repos.
Mais voicy des flambeaux, et sans doute c'est luy.

SCÈNE II

ADRASTE *et deux Laquais*, HALI

ADRASTE

Est-ce toy, Hali ?

HALI

Et qui pourroit-ce estre que moy ?
A ces heures de nuit, hors vous et moy, Monsieur,
Je ne croy pas que personne s'avise
De courir maintenant les rues.

ADRASTE

Aussi ne croy-je pas qu'on puisse voir personne
Qui sente, dans son cœur, la peine que je sens ;
      Car, enfin, ce n'est rien d'avoir
      A combattre l'indiférence
   Ou les rigueurs d'une Beauté qu'on aime ;
On a toujours, au moins, le bonheur de la plainte,
      Et la liberté des soupirs.
Mais ne pouvoir trouver aucune occasion
      De parler à ce qu'on adore;
      Ne pouvoir sçavoir d'une Belle
      Si l'amour qu'inspirent ses yeux
      Est pour luy plaire ou luy déplaire,
      C'est la plus fâcheuse, à mon gré,
      De toutes les inquiétudes.
Et c'est où me réduit l'incommode Jaloux,
      Qui veille, avec tant de soucy,
Sur ma charmante Grecque, et ne fait pas un pas
      Sans la traîner à ses côtez.

HALI

      Mais il est, en Amour,
    Plusieurs façons de se parler,
Et il me semble, à moy, que vos yeux et les siens,
Depuis près de deux moys, se sont dit bien des choses.

ADRASTE

Il est vray qu'elle et moy, souvent
Nous nous sommes parlé des yeux ;
Mais comment reconnoistre
Que, chacun de nostre côté,
Nous ayons, comme il faut, expliqué ce langage.
Et que sçais-je, après tout,
Si elle entend bien
Tout ce que mes regards lui disent,
Et si les siens me disent
Ce que je croy, par fois, entendre.

HALI

Il faut chercher quelque moyen
De se parler d'autre manière.

ADRASTE

As-tu là tes Musiciens ?

HALI

Ouy.

ADRASTE

Fay les approcher. Je veux,
Jusques au jour, les faire icy chanter,
Et voir si leur Musique
N'obligera point cette Belle
A paroistre à quelque fenestre.

HALI

Les voicy. Que chanteront-ils ?

ADRASTE

Ce qu'ils jugeront de meilleur.

HALI

Il faut qu'ils chantent un Trio,
Qu'ils me chantèrent l'autre jour.

ADRASTE

Non; ce n'est pas ce qu'il me faut.

HALI

Ah, Monsieur, c'est du beau Beccarre.

ADRASTE

Que diantre veux-tu dire avec ton beau Beccarre ?

HALI

Monsieur, je tiens pour le Beccarre;
Vous sçavez que je m'y connois.
Le Beccare me charme;
Hors du Beccarre
Point de salut en Harmonie.
Écoutez un peu ce Trio.

ADRASTE

Non; je veux quelque chose
De tendre et de passionné,

Quelque chose qui m'entretienne
Dans une douce rêverie.

HALI

Je voy bien que vous estes
Pour le Bémol, mais il y a moyen
De nous contenter l'un et l'autre :
Il faut qu'ils vous chantent
Une certaine Scène
D'une petite Comédie.
Que je leur ay veu essayer.
Ce sont deux Bergers amoureux,
Tous remplis de langueur,
Qui, sur Bémol, viennent, séparément,
Faire leurs plaintes dans un Bois,
Puis se découvrent l'un à l'autre
La cruauté de leurs Maîtresses,
Et là dessus vient un Berger joyeux,
Avec un Beccare admirable,
Qui se moque de leur foiblesse.

ADRASTE

J'y consens. Voyons ce que c'est.

HALI

Voicy, tout juste, un lieu propre à servir de Scène,
Et voilà deux flambeaux
Pour éclairer la Comédie.

ADRASTE

Place-toy contre ce logis,
Afin qu'au moindre bruit que l'on fera dedans
Je fasse cacher les lumières.

SCÈNE III

chantée par trois Musiciens.

I. MUSICIEN

Si du triste récit de mon inquiétude
Je trouble le repos de vostre Solitude,
          Rochers, ne soyez point fachez;
Quand vous sçaurez l'excès de mes peines secrettes,
          Tout Rochers que vous estes,
          Vous en serez touchez.

II. MUSICIEN

Les Oiseaux, réjouis dès que le Jour s'avance,
Recommancent leurs chants dans ces vastes Forests,
          Et moy j'y recommence
Mes soûpirs languissans et mes tristes regrets.
          Ah, mon cher Philène.....

I. MUSICIEN

Ah, mon cher Tirsis.....

II. MUSICIEN

Que je sens de peine!...

I. MUSICIEN

Que j'ay de soucis!

II. MUSICIEN

Toujours sourde à mes vœux est l'ingrate Climène;

I. MUSICIEN

Cloris n'a point pour moy de regards adoucis.

Tous deux :

O loy trop inhumaine!
Amour, si tu ne peux les contraindre d'aimer,
Pourquoy leur laisses-tu le pouvoir de charmer?

III. MUSICIEN

Pauvres Amans, quelle erreur
D'adorer des inhumaines;
Jamais les Ames bien saines
Ne se payent de rigueur,
Et les Faveurs sont les chaînes
Qui doivent lier un Cœur.

On voit cent Belles icy
Auprès de qui je m'empresse;
A leur vouer ma tendresse
Je mets mon plus doux soucy,

Mais, lors que l'on est Tygresse,
Ma foy, je suis Tygre aussy.

I. ET II. MUSICIEN

Heureux, hélas, qui peut aimer ainsy !

HALI

Monsieur, je viens d'ouïr quelque bruit au dedans.

ADRASTE

Qu'on se retire viste
Et qu'on éteigne les flambeaux.

SCÈNE IV

D. PÈDRE, ADRASTE, HALI

D. PÈDRE *sortant, en bonnet de nuit et robe de chambre,*
avec une épée sous son bras.

Il y a quelque temps
Que j'entens chanter à ma Porte,
Et, sans doute, cela ne se fait pas pour rien.
Il faut que, dans l'obscurité,
Je tâche à découvrir
Quelles Gens ce peuvent estre.

ADRASTE

Hali ?

XIX.   2

HALI

Quoy ?

ADRASTE

N'entens-tu plus rien!

HALI

Non.

D. Pèdre est derrière eux, qui les écoute.

ADRASTE

Quoy, tous nos efforts ne pourront obtenir
Que je parle un moment à cette aimable Grecque ?
Et ce Jaloux maudit
Ce traître de Sicilien,
Me fermera toujours tout accès auprès d'elle.

HALI

Je voudrois, de bon cœur,
Que le Diable l'eût emporté
Pour la fatigue qu'il nous donne,
Le Fâcheux, le Bourreau qu'il est.
Ah, si nous le tenions icy,
Que je prendrois de joye à vanger sur son dos
Tous les pas inutiles
Que sa jalousie nous fait faire.

ADRASTE

Si faut-il bien, pourtant, trouver quelque moyen,

Quelque invention, quelque ruse
Pour attraper nostre Brutal ;
   J'y suis trop engagé
Pour en avoir le démenty,
Et, quand j'y devrois employer...

HALI

Monsieur, je ne sçay pas ce que cela veut dire,
   Mais la Porte est ouverte,
Et, si vous le voulez, j'entreray doucement
   Pour découvrir d'où cela vient.

D. Pèdre se retire sur sa Porte.

ADRASTE

Ouy, fais, mais sans faire de bruit ;
Je ne m'éloigne pas de toy.
Plût au Ciel que ce fût la charmante Isidore !

D. PÈDRE *luy donnant sur la joue :*

Qui va là ?

HALI *luy en faisant de mesme :*

Amy.

D. PÈDRE

Holà, Francisque, Dominique,
Simon, Martin, Pierre, Thomas,
Georges, Charles, Barthélemy ;
Allons, promptement, mon épée,

Ma rondache, ma halebarde,
Mes pistolets, mes mousquetons,
Mes fuzils. Viste, dépeschez ;
Allons ; tuë, point de quartier.

SCÈNE V

ADRASTE, HALI

ADRASTE

Je n'entens remuer personne.
Hali, Hali ?

HALI, *caché dans un coin.*

Monsieur.

ADRASTE

Où donc te caches-tu ?

HALI

Ces gens sont-ils sortis ?

ADRASTE

Non ; personne ne bouge.

HALI, *en sortant d'où il estoit caché :*

S'ils viennent, ils seront frottez.

ADRASTE

Quoy, tous nos soins seront donc inutiles,

Et, toûjours, ce fâcheux Jaloux
Se moquera de nos desseins.

HALI

Non; le courroux du Point d'Honneur
Me prend; il ne sera pas dit
Qu'on triomphe de mon adresse.
      Ma qualité de Fourbe
S'indigne de tous ces obstacles,
Et je prétens faire éclater
Les talens que j'ay eus du Ciel.

ADRASTE

Je voudrois, seulement, que par quelque moyen,
      Par un Billet, par quelque Bouche,
            Elle fût avertie
Des sentiments qu'on a pour elle,
Et sçavoir les siens là dessus.
            Après, on peut trouver
Facilement les moyens.....

HALI

Laissez-moy faire seulement;
J'en essayerai tant, de toutes les manières,
Que quelque chose, enfin, nous pourra réussir.
Allons, le jour paroist; je vais chercher mes Gens,
            Et venir attendre, en ce lieu,
                  Que nôtre Jaloux sorte.

SCÈNE VI

D. PÈDRE, ISIDORE

ISIDORE

Je ne sçay pas quel plaisir vous prenez
    A me réveiller si matin.
Cela s'ajuste assez mal, ce me semble,
    Au dessein que vous avez pris
    De me faire peindre aujourd'huy,
    Et ce n'est guères pour avoir
    Le teint frais, et les yeux brillans,
Que se lever ainsi dès la pointe du jour.

D. PÈDRE

    J'ay une affaire, qui m'oblige
    A sortir à l'heure qu'il est.

ISIDORE

    Mais l'affaire que vous avez
Eust bien pu se passer, je croy, de ma présence,
    Et vous pouviez, sans vous incommoder,
    Me laisser goûter les douceurs
Du sommeil du matin.

D. PÈDRE

        Ouy, mais je suis bien aise

De vous voir, toûjours, avec moy.
Il n'est pas mal de s'assurer un peu
Contre les soins des surveillans,
Et, cette nuit encor, on est venu chanter
Sous nos fenestres.

ISIDORE

Il est vray; la Musique en estoit admirable.

D. PÈDRE

C'estoit pour vous que cela se faisoit ?

ISIDORE

Je le veux croire ainsi, puis que vous me le dites.

D. PÈDRE

Vous sçavez qui estoit celuy
Qui donnoit cette Sérénade ?

ISIDORE

Non pas; mais, qui que ce puisse estre,
Je luy suis obligée.

D. PÈDRE

Obligée !

ISIDORE

Sans doute,
Puis qu'il cherche à me divertir.

D. PÈDRE

Vous trouvez, donc, bon qu'on vous aime.

ISIDORE

Fort bon. Cela n'est jamais qu'obligeant.

D. PÈDRE

Et vous voulez du bien
A tous ceux qui prennent ce soin.

ISIDORE

Assurément.

D. PÈDRE

C'est dire fort net ses pensées.

ISIDORE

A quoy bon de dissimuler ?
Quelque mine qu'on fasse
On est, toûjours, bien aise d'estre aimée;
Ces hommages à nos appas
Ne sont jamais pour nous déplaire.
Quoy qu'on en puisse dire,
La grande ambition des Femmes
Est, croyez moy, d'inspirer de l'amour;
Tous les soins qu'elles prennent
Ne sont que pour cela,
Et l'on n'en voit point de si fière

Qui ne s'aplaudisse, en son cœur,
Des Conquestes que font ses yeux.

D. PÈDRE

Mais, si vous prenez, vous,
Du plaisir à vous voir aimée,
Sçavez vous bien, moy qui vous aime,
Que je n'y en prens nullement ?

ISIDORE

Je ne sçay pas pourquoy cela,
Et, si j'aimois quelqu'un,
— Je n'aurois point de plus grand plaisir,
Que de le voir aimé de tout le Monde.
Y-a-t'il rien qui marque davantage
La beauté du chois que l'on fait,
Et n'est-ce pas pour s'aplaudir
Que ce que nous aimons soit trouvé fort aimable ?

D. PÈDRE

Chacun aime à sa guise,
Et ce n'est pas là ma méthode.
Je seray fort ravy
Qu'on ne vous trouve point si belle,
Et vous m'obligerez de n'affecter point tant
De la paroistre à d'autres yeux.

ISIDORE

Quoy ! jalous de ces choses là ?

XIX.   3

D. PÈDRE

Ouy, jalous de ces choses là,
  Mais jalous comme un Tygre,
  Et, si voulez, comme un Diable.
  Mon amour vous veut toute à moy;
  Sa délicatesse s'offense
D'un soûris, d'un regard qu'on vous peut arracher,
  Et tous les soins qu'on me voit prendre
Ne sont que pour fermer tout accès aux Galans,
  Et m'assurer la possession
  D'un cœur, dont je ne puis souffrir
  Qu'on me vole la moindre chose.

ISIDORE

Certes, voulez-vous que je dise ?
  Vous prenez un mauvais party,
  Et la possession d'un cœur
    Est fort mal assurée
Lors qu'on prétend le retenir de force.
  Pour moy, je vous l'avoue,
  Si j'estois Galant d'une Femme
  Qui fût au pouvoir de quelqu'un,
  Je mettrois toute mon étude
  A rendre ce quelqu'un jalous
Et l'obliger à veiller, nuit et jour,
  Celle que je voudrois gagner.

C'est un admirable moyen
      D'avancer ses affaires
      Et l'on ne tarde guères
         A profiter
Du chagrin et de la colère
Que donne à l'esprit d'une Femme
La contrainte et la servitude.

D. PÈDRE

Si bien donc que, si quelqu'un
      Vous en contoit,
Il vous trouveroit disposée
   A recevoir ses vœux.

ISIDORE

Je ne vous dis rien là dessus.
Mais les Femmes, enfin, n'aiment pas qu'on les gesne
      Et c'est beaucoup risquer
   Que de leur montrer des soupçons
   Et de les tenir renfermées.

D. PÈDRE

Vous reconnoissez peu ce que vous me devez,
      Et il me semble qu'une Esclave,
         Que l'on a affranchie
   Et dont on veut faire sa Femme.....

ISIDORE

Quelle obligation vous ay-je,

Si vous changez mon esclavage
En un autre beaucoup plus rude ?
Si vous ne me laissez jouïr
    D'aucune liberté,
Et me fatiguez, comme on voit,
D'une garde continuelle ?

D. PÈDRE

Mais tout cela ne part que d'un excès d'amour.

ISIDORE

Si c'est vostre façon d'aimer
    Je vous prie de me haïr.

D. PÈDRE

Vous estes, aujourd'huy,
Dans une humeur désobligeante,
Et je pardonne ces paroles
Au chagrin où vous pouvez estre
De vous estre levée matin.

SCÈNE VII

D. PÈDRE, HALI, ISIDORE

Hali, faisant plusieurs révérences à D. Pèdre,

D. PÈDRE

Trève aux cérémonies ;
    Que voulez-vous ?

HALI

Il se retourne deùers Isidore, à chaque parole qu'il dit à D. Pèdre, et luy fait des signes
pour luy faire connnoistre le dessein de son Maistre.

Signor,

    — *avec la permission de la Signore* —,

je vous diray

    — *avec la permission de la Signore* —

       que je viens vous trouver

    — *avec la permission de la Signore* —

Pour vous prier

    — *avec la permission de la Signore* —

       de vouloir bien.....

    — *avec la permission de la Signore.* —

D. PÈDRE

Avec la permission
De la Signore,
Passez un peu de ce costé.

HALI

Signor, je suis un Virtuose.....

D. PÈDRE

Je n'ay rien à donner.

HALI

Ce n'est pas ce que je demande;
Mais, comme je me mesle un peu
De Musique et de Danse,

J'ay instrüit quelques Esclaves,
Qui voudroient bien trouver un Maistre
Qui se plût à ces choses,
Et, comme je sçay que vous estes
Une personne considérable,
Je voudrois vous prier
De les voir et de les entendre,
Pour les acheter, s'ils vous plaisent,
Ou pour leur enseigner quelqu'un de vos Amis,
Qui voulût s'en accommoder.

ISIDORE

C'est une chose à voir,
Et cela nous divertira;
Faites-nous les venir.

HALI

Chala bala..... Voicy une Chanson nouvelle,
Qui est du temps. Ecoutez bien.
Chala bala.....

SCÈNE VIII

Hali chante dans cette Scène, et les Esclaves dansent dans les intermèdes de son chant.

HALI ET QUATRE ESCLAVES, ISIDORE, D. PÈDRE

HALI *chante :*

D'un cœur ardant, en tous lieux

Un Amant suit une Belle,
Mais d'un Jalous odieux
La vigilance éternelle
Fait qu'il ne peut que des yeux
S'entretenir avec elle.
Est-il peine plus cruelle
Pour un Cœur bien amoureux ?

A Don Pèdre :

Chiribirida ouch Alla ;
    Star bon Turca,
    Non aver danara ;
    Ti voler comprara ;
    Mi servir à ti,
    Se pagar per mi ;
    Far bona coucina,
    Mi levar matina,
    Far boller caldara.
    Parlara, parlara ;
    Ti voler comprara.

C'est un supplice, à tous coups
Sous qui cet Amant expire ;
Mais si, d'un œil un peu doux,
La Belle voit son martyre
Et consent qu'aux yeux de tous

Pour ses attraits il soupire,
Il pourroit bientost se rire
De tous les soins du Jalous.

Chiribirida ouch Alla,
            Star bon Turca,
    Non aver danara;
    Ti voler comprara,
    Mi servir à ti,
    Se pagar per mi,
    Far bona coucina,
    Mi levar matina,
    Far boller caldara.
    Parlara, parlara;
    Ti voler comprara.

D. PÈDRE

    Sçavez-vous, mes drôles,
    Que cette Chanson
    Sent pour vos épaules
    Les coups de baston?

Chiribirida ouch Alla,
    Mi ti non comprara,
    Ma ti bastonnara

Si, si non andara ;
Andara, andara,
O ti bastonnara.

Ho, ho, quels Egrillards.
Allons, rentrons icy ; j'ay changé de pensée,
Et puis le temps se couvre un peu.

A Hali, qui parêt encor là :

Ah, Fourbe, que je vous y trouve.

HALI

Hé bien ouy, mon Maistre l'adore ;
Il n'a point de plus grand desir
Que de luy monstrer son amour,
Et, si elle y consent, il la prendra pour Femme.

D. PÈDRE

Ouy, ouy, je la luy garde.

HALI

Nous l'aurons malgré vous.

D. PÈDRE

Comment, Coquin.....

HALI

Nous l'aurons, dis-je,
En dépit de vos dents.

XIX.   4

D. PÈDRE

Si je prens...

HALI

Vous avez beau faire la garde;
J'en ay juré, elle sera à nous.

D. PÈDRE

Laisse-moy faire;
Je t'attraperay sans courir.

HALI

C'est nous qui vous attraperons;
Elle sera nostre Femme,
La chose est résolue; il faut que j'y périsse,
Ou que j'en vienne à bout.

SCÈNE IX

HALI, ADRASTE

HALI

Monsieur, j'ay, déjà, fait
Quelque petite tentative,
Mais je.....

ADRASTE

Ne te mets point en peine;
J'ay trouvé, par hazard, tout ce que je voulois,

Et je vais joüir du bonheur
De voir, chez elle, cette Belle.
Je me suis rencontré chez le Peintre Damon,
Qui m'a dit qu'aujourd'huy
Il venoit faire le portrait
De cette adorable Personne,
Et, comme il est, depuis longtemps,
De mes plus intimes Amis,
Il a voulu servir mes feux
Et m'envoye à sa place,
Avec un petit mot de Lettre
Pour me faire accepter. Tu sçais que, de tout temps,
Je me suis plû à la Peinture,
Et que, parfois, je manie le Pinceau
Contre la coûtume de France,
Qui ne veut pas qu'un Gentilhomme
Sçache rien faire; ainsi, j'auray la liberté
De voir cette Belle à mon aise.
Mais je ne doute pas que mon Jalous fâcheux
Ne soit toûjours présent
Et n'empesche tous les propos
Que nous pourrions avoir ensemble.
Et, pour te dire vray,
J'ay, par le moyen d'une jeune Esclave,
Un stratagême
Pour tirer cette belle Grecque

Des mains de son jalous, si je puis obtenir
    D'elle qu'elle y consente.

HALI

    Laissez-moy faire ; je veux
    Vous faire un peu de jour
A la pouvoir entretenir.
    Il ne sera pas dit
    Que je ne serve de rien
    Dans cette affaire là.
Quand allez-vous ?

ADRASTE

           Tout de ce pas,
Et j'ay déjà préparé toutes choses.

HALI

Je vay, de mon costé, me préparer aussy.

ADRASTE

Je ne veux point perdre de temps. — Holà.
    — Il me tarde que je ne goûte
    Le plaisir de la voir.

SCÈNE X

D. PÈDRE, ADRASTE

D. PÈDRE

Que cherchez-vous, Cavalier,
Dans cette Maison ?

ADRASTE

J'y cherche le Seigneur Don Pèdre.

D. PÈDRE

Vous l'avez devant vous

ADRASTE

Il prendra, s'il luy plaist, la peine
De lire cette Lettre.

D. PÈDRE *lit :*

Je vous envoye, au lieu de moy, pour le Portrait que vous sçavez, ce Gentilhomme François, qui, comme curieux d'obliger les honnestes gens, a bien voulu prendre ce soin sur la proposition que je luy en ay faite. Il est, sans contredit, le premier Homme du Monde pour ces sortes d'ouvrages, et j'ay cru que je ne pouvois rendre un service plus agréable que de vous l'envoyer, dans le dessein que vous avez d'avoir un Portrait achevé de la Personne que vous aimez. Gardez-vous

*bien, sur tout, de luy parler d'aucune récompense ; car c'est un
Homme qui s'en offenseroit, et qui ne fait les choses que pour
la gloire et pour la réputation.*

D. PÈDRE, parlant au François :

Seigneur François, c'est une grande grâce
Que vous me voulez faire,
Et je vous suis fort obligé.

ADRASTE

Toute mon ambition
Est de rendre service
Aux gens de nom et de mérite.

D. PÈDRE

Je vais faire venir
La personne dont il s'agit.

SCÈNE XI

ISIDORE, D. PÈDRE, ADRASTE, et deux laquais

D. PÈDRE

Voicy un Gentilhomme
Que Damon nous envoye,
Qui se veut bien donner la peine de vous peindre.

Adraste baise Isidore, en la saluant, et Don Pèdre luy dit :

Holà, Seigneur François,

Cette façon de saluer
N'est point d'usage en ce Païs.

ADRASTE

C'est la manière de France.

D. PÈDRE

La manière de France est bonne pour vos Femmes,
Mais, pour les nostres, elle est
Un peu trop familière.

ISIDORE

Je reçois cet honneur avec beaucoup de joie.
L'avanture me surprend fort,
Et, pour dire le vray,
Je ne m'atendois pas d'avoir
Un Peintre si illustre.

ADRASTE

Il n'y a personne sans doute,
Qui ne tinst à beaucoup de gloire
De toucher à un tel ouvrage.
Je n'ay pas grande habileté,
Mais le Sujet, icy,
Ne fournit que trop de luy mesme,
Et il y a moyen de faire
Quelque chose de beau sur un Original
Fait comme celuy là.

ISIDORE

L'Original est peu de chose,
        Mais l'adresse du Peintre
En sçaura couvrir les défauts.

ADRASTE

    Le Peintre n'y en voit aucun,
        Et tout ce qu'il souhaite
Est d'en pouvoir représenter les Grâces
        Aux yeux de tout le Monde
    Aussi grandes qu'il les peut voir.

ISIDORE

Si vostre pinceau flate autant que vostre langue,
        Vous allez me faire un Portrait
        Qui ne me ressemblera pas.

ADRASTE

    Le Ciel, qui fit l'Original,
    Nous oste le moyen d'en faire
    Un Portrait qui puisse flater.

ISIDORE

    Le Ciel, quoy que vous en disiez,
    Ne...

D. PÈDRE

        Finissons cela, de grâce ;
Laissons les compliments, et songeons au Portrait.

ADRASTE

Allons, apportez tout.

On apporte tout ce qu'il faut pour peindre Isidore.

ISIDORE

Où voulez-vous que je me place ?

ADRASTE

Icy. Voicy le lieu le plus avantageux,
    Et qui reçoit le mieux les vues
    Favorables de la lumière
        Que nous cherchons.

ISIDORE

    Suis-je bien ainsy ?

ADRASTE

          Ouy.
Levez-vous un peu, s'il vous plaist ;
Un peu plus de ce costé là ;
    Le corps tourné ainsy ;
La teste un peu levée, afin
Que la beauté du cou paroisse.
Cecy un peu plus découvert ;

Il parle de sa gorge.

Bon. Là, un peu davantage ;
    Encore tant soit peu.

D. PÈDRE

Il y a bien de la peine à vous mettre ;
XIX.   5

Ne sçauriez-vous vous tenir comme il faut?

ISIDORE

Ce sont, icy, des choses
Toutes neufves pour moy,
Et c'est à Monsieur à me mettre
De la façon qu'il veut.

ADRASTE

Voilà qui va le mieux du Monde,
Et vous vous tenez à merveille.

La faisant tourner un peu devers luy :

Comme cela, s'il vous plaist.
Le tout dépend des attitudes
Qu'on donne aux Personnes qu'on peint.

D. PÈDRE

Fort bien.

ADRASTE

Un peu plus.
De ce costé; vos yeux toujours
Tournez vers moy, je vous en prie;
Vos regards attachez aux miens.

ISIDORE

Je ne suis pas comme ces Femmes,
Qui veulent, en se faisant peindre,
Des portraits qui ne sont point elles,

Et ne sont point satisfaites du Peintre
S'il ne les fait, toujours, plus belles que le Jour.
Il faudroit pour les contenter,
Ne faire qu'un portrait pour toutes,
Car toutes demandent
Les mêmes choses,
Un teint tout de lys et de roses,
Un nez bien fait, une petite bouche,
Et de grands yeux vifs, bien fendus,
Et, sur tout, le visage
Pas plus gros que le poing,
L'eussent-elles d'un pied de large.
Pour moy, je vous demande un Portrait qui soit moy,
Et qui n'oblige point à demander qui c'est.

ADRASTE

Il seroit malaisé
Qu'on demandât cela du vostre,
Et vous avez des traits
A qui fort peu d'autres ressemblent.
Qu'ils ont de douceur et de charmes,
Et qu'on court risque à les peindre!

D. PÈDRE

Le nez me semble un peu trop gros.

ADRASTE

J'ay leu, je ne sçay où, qu'Apelle

Peignit autrefois
Une Maîtresse d'Alexandre,
Et qu'il en devinst, la peignant,
Si éperdûment amoureux
Qu'il fut près d'en perdre la vie,
De sorte qu'Alexandre,
Par générosité,
Luy céda l'objet de ses vœux.

Il parle à D. Pèdre :

Je pourrois faire, icy,
Ce qu'Apelle fit autrefois ;
Mais vous ne feriez pas, peut-estre,
Ce que fit Alexandre.

ISIDORE

Tout cela sent la Nation,
Et toujours Messieurs les François
Ont un fonds de galanterie,
Qui se répand par tout.

ADRASTE

On ne se trompe guère à ces sortes de choses,
Et vous avez l'esprit trop éclairé
Pour ne pas voir de quelle source
Partent les choses qu'on vous dit.
Ouy, quand Alexandre
Seroit icy

Et que ce seroit vostre Amant,
Je ne pourrois m'empescher de vous dire
Que je n'ay rien veu de si beau
Que ce que je vois maintenant, ,
Et que...

D. PÈDRE

Seigneur François,
Vous ne devriez pas, ce me semble, parler;
Cela vous détourne
De vostre ouvrage.

ADRASTE

Ah, point du tout; j'ai toujours de coutume
De parler quand je peins
Et il est besoin, dans ces choses,
D'un peu de conversation
Pour réveiller l'esprit et tenir les visages
Dans la gayeté nécessaire
Aux personnes que l'on veut peindre.

SCÈNE XII

HALI, *vestu en Espagnol*, D. PÈDRE, ADRASTE, ISIDORE

D. PÈDRE

Que veut cet homme là ?

Et qui laisse monter les gens
Sans nous en venir avertir?

HALI

J'entre icy librement, mais, entre Cavaliers,
Telle liberté est permise.
Seigneur, suis-je connu de vous?

D. PÈDRE

Non, Seigneur.

HALI

Je suis
Don Gilles d'Avalos, et l'Histoire d'Espagne
Vous doit avoir instruit de mon mérite.

D. PÈDRE

Souhaitez-vous quelque chose de moy?

HALI

Ouy, un conseil sur un fait d'honneur.
Je sçay qu'en ces matières
Il est malaisé de trouver
Un Cavalier plus consommé que vous,
Mais je vous demande, pour grâce,
Que nous nous tirions à l'écart.

D. PÈDRE

Nous voilà assez loin.

ADRASTE, *regardant Isidore :*

Elle a les yeux bleus.

HALI

Seigneur, j'ay reçeu un soufflet.
Vous sçavez ce qu'est un soufflet,
Lors qu'il se donne, à main ouverte,
Sur le beau milieu de la joue.
J'ay ce soufflet fort sur le cœur,
Et je suis dans l'incertitude
Si, pour me venger de l'affront,
Je dois me battre avec mon Homme,
Ou bien le faire assassiner.

D. PÈDRE

Assassiner, c'est le plus court chemin,
Quel est vostre ennemy ?

HALI

Parlons bas, s'il vous plaist.

ADRASTE, *aux genoux d'Isidore, pendant que D. Pèdre parle à Hali :*

Ouy, charmante Isidore,
Mes regards vous le disent
Depuis plus de deux mois,
Et vous les avez entendus.
Je vous aime plus que tout
Ce que l'on peut aimer,

Et je n'ay d'autre pensée,
D'autre but, d'autre passion
Que d'estre à vous toute ma vie.

ISIDORE

Je ne sçay si vous dites vray,
Mais vous persuadez.

ADRASTE

Mais vous persuaday-je
Jusqu'à vous inspirer
Quelque peu de bonté pour moy.

ISIDORE

Je ne crains que d'en trop avoir.

ADRASTE

En aurez-vous assez pour consentir,
Belle Isidore,
Au dessein que je vous ay dit ?

ISIDORE

Je ne puis encor vous le dire.

ADRASTE

Qu'attendez-vous pour cela ?

ISIDORE

A me résoudre.

ADRASTE

Ah, quand on aime bien, on se résout bientost.

ISIDORE

Hé bien, allez; ouy, j'y consens.

ADRASTE

Mais consentez-vous, dites-moy,
Que ce soit dès ce moment mesme?

ISIDORE

Lorsqu'on est une fois résolu sur la chose,
S'arreste-t-on sur le temps?

D. PÈDRE *à Hali*.

Voilà mon sentiment,
Et je vous baise les mains.

HALI

Seigneur, quand vous aurez reçeu quelque soufflet,
Je suis Homme aussi de conseil,
Et je pourray vous rendre la pareille.

D. PÈDRE

Je vous laisse aller sans vous reconduire,
Mais, entre Cavaliers,
Cette liberté est permise.

ADRASTE

Non, il n'est rien qui puisse effacer de mon cœur

Les tendres témoignages...

D. Pèdre appercevant Adraste, qui parle de près à Isidore.

Je regardois ce petit trou
Qu'elle a au costé du menton,
Et je croyois, d'abord, que ce fût une tache.
Mais c'est assez pour aujourd'huy ;
Nous finirons une autre fois.

Parlant à D. Pèdre :

Non, ne regardez rien encore.
Faites serrer cela, je vous prie,
Et vous, je vous conjure
De ne vous relâcher point
Et de garder un esprit gay
Pour le dessein que j'ay d'achever nostre ouvrage.

ISIDORE

Je conserveray pour cela
Toute la gayeté qu'il faut.

SCÈNE XIII

D. PÈDRE, ISIDORE

ISIDORE

Qu'en dites-vous ? Ce Gentilhomme
Paroist le plus civil du Monde,

Et l'on doit demeurer d'accord
Que les François ont quelque chose
En eux, de poly, de galant,
Que n'ont point les autres Nations.

D. PÈDRE

Ouy, mais ils ont cela de mauvais
Qu'ils s'émancipent un peu trop,
Et s'attachent, en étourdis,
A conter des fleurettes
A tout ce qu'ils rencontrent.

ISIDORE

C'est qu'ils sçavent qu'on plaist
Aux Dames par ces choses.

D. PÈDRE

Ouy, mais, s'ils plaisent aux Dames,
Ils déplaisent fort aux Messieurs.
Et l'on n'est point bien aise
De voir, sur sa moustache,
Cajoler hardiment sa Femme ou sa Maîtresse.

ISIDORE

Ce qu'ils en font n'est que par jeu.

SCÈNE XIV

CLIMÈNE, D. PÈDRE, ISIDORE

CLIMÈNE, *voilée :*

Ah, Seigneur Cavalier, sauvez-moy, s'il vous plaist,
Des mains d'un Mary furieux.
Dont je suis poursuivie.
Sa jalousie est incroyable
Et passe, dans ses mouvemens,
Tout ce qu'on peut imaginer.
Il va jusques à vouloir
Que je sois toujours voilée
Et, pour m'avoir trouvée
Le visage un peu découvert,
Il a mis l'épée à la main
Et m'a réduite à me jetter chez vous,
Pour vous demander vostre appuy
Contre son injustice.
Mais je le voy paroistre ;
De grâce, Seigneur Cavalier,
Sauvez-moy de sa fureur.

D. PÈDRE

Entrez là dedans, avec elle.
Et n'appréhendez rien.

SCÈNE XV

ADRASTE, D. PÈDRE

D. PÈDRE

Hé quoy, Seigneur, c'est vous.
Tant de jalousie
Pour un François.
Je pensois qu'il n'y eût que nous,
Qui en fussions capables.

ADRASTE

Les François excellent, toujours,
Dans toutes les choses qu'ils font,
Et, quand nous nous mêlons
D'estre jalous, nous le sommes
Vingt fois plus qu'un Sicilien.
L'infâme croit avoir trouvé
Chez vous un assuré refuge,
Mais vous estes trop raisonnable
Pour blâmer mon ressentiment.
Laissez-moi, je vous prie,
La traitter comme elle mérite.

D. PÈDRE

Ah, de grâce, arrestez; l'offense est trop petite
Pour un courroux si grand.

ADRASTE

La grandeur d'une telle offense
N'est pas dans l'importance
Des choses que l'on fait.
Elle est à transgresser les ordres qu'on nous donne,
Et, sur de pareilles matières,
Ce qui n'est qu'une bagatelle
Devient fort criminel, lors qu'il est défendu.

D. PÈDRE

De la façon qu'elle a parlé,
Tout ce qu'elle en a fait a esté sans dessein,
Et je vous prie, enfin,
De vous remettre bien ensemble.

ADRASTE

Hé! quoy! vous prenez son party,
Vous qui estes si délicat
Sur ces sortes de choses.

D. PÈDRE

Ouy, je prens son party,
Et, si vous voulez m'obliger,
Vous oublierez vostre colère
Et vous vous reconcilierez
Tous deux. C'est une grâce

Que je vous demande,
Et je la recevray
Comme un essay de l'amitié
Que je veux qui soit entre nous.,

ADRASTE

Il ne m'est pas permis,
A ces conditions, de vous rien refuser.
Je feray ce que vous voudrez.

SCÈNE XVI

CLIMÈNE, ADRASTE, D. PÈDRE

D. PÈDRE

Holà, venez. Vous n'avez qu'à me suivre,
Et j'ay fait vostre paix ;
Vous ne pouviez jamais tomber mieux que chez moy.

CLIMÈNE

Je vous suis obligée
Plus qu'on ne sçauroit croire,
Mais je m'en vais prendre mon voile ;
Je n'ay garde, sans luy, de paroistre à ses yeux,

D. PÈDRE

Le voicy qui s'en va venir,

Et son âme, je vous assure,
A paru toute réjouye
     Lors que je luy ay dit
Que j'avois racommodé tout.

SCÈNE XVII

ISIDORE, *sous le voile de Climène*, ADRASTE, D. PÈDRE

D. PÈDRE

Puis que vous m'avez bien voulu
Donner vostre ressentiment,
     Trouvez bon qu'en ce lieu
Je vous fasse toucher dans la main l'un de l'autre,
     Et que tous deux je vous conjure
     De vivre, pour l'amour de moy,
     Dans une parfaite union.

ADRASTE

     Ouy, je vous le promets
Que, pour l'amour de vous, je m'en vais, avec elle,
     Vivre le mieux du monde.

D. PÈDRE

Vous m'obligez sensiblement,
Et j'en garderay la mémoire.

ADRASTE

Je vous donne ma parole
Seigneur Dom Pèdre,
Qu'à vostre considération
Je m'en vais la traiter du mieux
Qu'il me sera possible.

D. PÈDRE

C'est
Trop de grâce que vous me faites.
— Il est bon de pacifier
Et d'adoucir toujours les choses.
Holà, Isidore, venez.

SCÈNE XVIII

CLIMÈNE, D. PÈDRE

D. PÈDRE

Comment! Que veut dire cela?

CLIMÈNE, *sans voile :*

Ce que cela veut dire?
Qu'un Jaloux est un Monstre hay de tout le Monde,
Et qu'il n'y a personne
Qui ne soit ravy de luy nuire,
N'y eut-il point d'autre intérest;

Que toutes les serrures
Et les verrous du Monde
Ne retiennent point les personnes,
Et que c'est le cœur qu'il faut arrester
Par la douceur et par la complaisance ;
Qu'Isidore est entre les mains
Du Cavalier qu'elle aime,
Et que vous estes pris pour Dupe.

D. PÈDRE

Dom Pèdre souffrira cette injure mortelle !
Non, non, j'ay trop de cœur,
Et je vais demander l'appuy de la Justice
Pour pousser le perfide à bout.
— C'est, icy, le Logis d'un Sénateur. — Holà ?

SCÈNE XIX

LE SÉNATEUR, D. PÈDRE

LE SÉNATEUR

Serviteur, Seigneur Dom Pèdre ;
Que vous venez à propos.

D. PÈDRE

Je viens me plaindre à vous d'un affront qu'on m'a fait.

LE SÉNATEUR

J'ay fait une Mascarade
La plus belle du Monde.

D. PÈDRE

Un traître de François m'a joué une pièce.

LE SÉNATEUR

Vous n'avez, dans vostre vie,
Jamais rien veu de si beau.

D. PÈDRE

Il m'a enlevé une Fille,
Que j'avois affranchie.

LE SÉNATEUR

Ce sont gens, vêtus en Maures,
Qui dansent admirablement.

D. PÈDRE

Vous voyez si c'est une injure
Qui se doive souffrir.

LE SÉNATEUR

Les habits merveilleux,
Et qui sont faits exprès.

D. PÈDRE

Je vous demande l'appuy
De la Justice
Contre cette action.

LE SÉNATEUR

Je veux que vous voyez cela;
On va la répéter,
Pour en donner
Le divertissement au Peuple.

D. PÈDRE

Comment ? De quoy parlez-vous là ?

LE SÉNATEUR

Je parle de ma Mascarade!

D. PÈDRE

Je vous parle de mon affaire.

LE SÉNATEUR

Je ne veux point, aujourd'huy,
D'autres affaires
Que de plaisir.
Allons, Messieurs, venez;
Voyons si cela ira bien

D. PÈDRE

La peste soit du Fou, avec sa Mascarade !

LE SÉNATEUR

Diantre soit le Fâcheux, avecque son affaire !

SCÈNE DERNIÈRE

Plusieurs Maures font une Danse entr'eux, par où finit la Comédie.

*Trouvez bon qu'en ce lieu
Je vous fasse toucher dans la main l'un de l'autre.*

PRIVILÈGE DU ROY

LOUIS, par la grâce de Dieu, Roy de France et de Navarre : A nos
amez et féaux Conseillers les Gens tenans nos Cours de Parlement,
Maistres des Requestes ordinaires de nostre Hostel, Baillifs, Séneschaux,
leurs Lieutenans, et tous autres nos Justiciers et Officiers qu'il appartien-
dra, salut.

J.-B. Pocquelin de Molière, Comédien de la Troupe de nostre très cher
et très amé Frère unique le Duc d'Orléans, Nous a fait exposer qu'il
auroit depuis peu composé, pour nostre divertissement, une Pièce de
Théâtre qui est intitulée LE SICILIEN, belle et très agréable, laquelle il
desireroit faire imprimer. Mais, comme il seroit arrivé qu'en ayant cy-
devant composé quelques autres, aucunes d'icelles auroient esté prises et
transcrites par des Particuliers qui les ont fait imprimer, vendre et débiter, en vertu des Lettres de Privilège qu'ils auroient surprises en nostre
Grande Chambre, à son préjudice et dommage, pour raison de quoy il
y a eu Instance en nostre Conseil jugée à l'encontre d'un Libraire en
faveur de l'Exposant, lequel, craignant que celle-cy ne lui soit pareillement prise et que, par ce moyen, il ne soit privé du fruit qu'il en peut
retirer, Nous auroit requis luy accorder nos Lettres, sur ce nécessaires :

A ces causes, desirans favorablement traiter l'Exposant, Nous luy
avons permis et permettons, par ces Présentes, de faire imprimer la dite
Pièce par tel des Imprimeurs, par Nous réservez, que bon luy semblera,
et icelle vendre et débiter en tous les Lieux de nostre Royaume qu'il
desirera, durant l'espace de cinq années, à commencer du jour qu'elle

sera achevée d'imprimer pour la première fois, à condition qu'il en sera mis deux exemplaires en nostre Bibliothèque publique, un en nostre Cabinet du Chasteau du Louvre et un en celle de nostre très cher et féal Chevalier, Chancelier de France, le Sieur *Séguier*, avant que de l'exposer en vente, à peine de nullité des Présentes ; pendant lequel temps faisons défenses à toutes personnes, de quelque Qualité et Condition qu'elles soient, de l'imprimer, vendre ny débiter en aucun Lieu de nostre obéissance, sous quelque prétexte que ce soit, sans le consentement de l'Exposant, ou de ceux ayant droict de luy, à peine de confiscation des exemplaires, quinze cens livres d'amende, applicables, un tiers à l'Hospital Général, un tiers au dénonciateur, et l'autre tiers audit Exposant, et de tous despens, dommages et intérests.

Voulons, en outre, qu'en mettant un Extrait des Présentes au commencement ou à la fin de chaque exemplaire, comme aussi qu'aux Copies des Présentes, collationnées par l'un de nos amez et féaux Secrétaires, foy soit adjoutée comme à l'original ; commandons au premier nostre Huïssier ou Sergent sur ce requis, faire, pour l'exécution des Présentes, tous Exploits nécessaires, sans pour ce demander autre permission ; car tel est nostre plaisir.

Donné à Paris le premier jour d'Octobre, l'an de grâce mil six cens soixante sept, et de nostre Règne le vingt-cinquième.

Signé : « Par le Roy en son Conseil, TRUCHOT », et scellé.

Registré sur le Livre de la Communauté, suivant l'Arrest de la Cour du Parlement.

Le dit sieur DE MOLIÈRE a cédé et transporté son droict de privilège à Jean Ribou, Marchand Libraire à Paris, pour en jouir le temps porté par iceluy, suivant l'accord fait entre eux.

Achevé d'imprimer pour la première fois le 9 Novembre 1667.

EXTRAITS

DES LETTRES DE ROBINET A MADAME

Mardi, Leurs Royales Altesses...
Allèrent rejoindre la Cour,
Des plus doux plaisirs le séjour.
Le grand Balet *s'y dance encores,*
Avec une Scène de Mores,
Scène nouvelle, et qui vraiment
Plaît, dit-on, merveilleusement.

13 Février 1667.

Mais, à propos de notre Cour,
Les Ambassadeurs, l'autre jour,
Y complimentèrent la Reine...
Dessus l'aimable événement

De son heureux accouchement,
Lequel nous donne une Princesse...
Ensuite, ces complimenteurs...
Furent, par l'ordre du grand Sire,
Tous conviez, pour leur bien dire,
A se divertir au Balet
Et traitez en Festin complet.
On a, depuis le treizième,
Dancé trois fois ce Balet *même,*
Qui, changeant encor beaucoup plus
De visages que Prothéus,
Avoit lors deux autres Entrées
Qu'on a beaucoup considérées,
Sçavoir des Mores et Mahoms,
Deux très perverses Nations.

Lettre du 20 Février 1667.

Encore un mot de notre Ville...
Depuis hier, pareillement,
On a, pour divertissement,
Le SICILIEN, *que Molière,*
Avec sa charmante manière,
Mesla dans ce Balet du Roy
Et qu'on admira, sur ma foy.
Il y joint aussi des Entrées,
Qui furent très considérées

Dans ledit ravissant Balet,
Et lui, tout rajeuni du lait
De quelqu'autre Infante d'Inache
Qui se couvre de peau de vache,   .
S'y remontre enfin à nos yeux,
Plus que jamais facétieux.

Lettre du 16 Juin 1667.

Je veis, à mon aise et très bien,
Dimanche, le SICILIEN.
C'est un chef-d'œuvre, je vous jure,
Où paroissent en mignature,
Et comme dans leur plus beau jour.
Et la Jalousie et l'Amour.
Ce Sicilien, que Molière
Représente d'une manière
Qui fait rire de tout le cœur,
Est donc de Sicile un Seigneur,
Charmé, jusqu'à la jalousie,
D'une Grèque, son Affranchie.
D'autre part, un Marquis François,
Qui soupire dessous ses loix,
Se servant de tout stratagême
Pour voir ce rare Objet qu'il aime,
Car, comme on sçait, l'Amour est fin,
Fait si bien qu'il l'enlève enfin

Par une intrigue fort jolie.

Mais, quoiqu'ici je vous en die,

Ce n'est rien; il faut sur les lieux

Porter son oreille et ses yeux.

Surtout, on y voit deux Esclaves

Qui peuvent donner des entraves

Deux Grèques, qui, Grèques en tout,

Peuvent pousser un cœur à bout

Comme étant tout à fait charmantes,

Et dont enfin les riches mantes,

Valent bien de l'argent, ma foy;

Ce sont aussi présens de Roy.

Lettre du 19 Juin 1667.

Mademoiselle
Molière
et
Mademoiselle
De Brie.

LE SICILIEN

EXPLICATION DES PLANCHES

Notice. — Bande ornementale de rinceaux. Au milieu, un médaillon dans lequel un Amour prépare un filet carré pour y prendre les oiseaux qui volent derrière lui.

— Lettre W. Devant les jambages de la lettre, une grande palette, avec des pinceaux, sur laquelle est assis Hali, habillé en Turc et jouant de la guitare.

— Cul-de-lampe final : Sur un bouquet de longues palmes, liées par un ruban, un groupe d'instruments de musique, violon, guitare et mandoline.

Faux titre. — Grand médaillon à rinceaux ; il est couronné de nuages. A gauche, un jeune Amour ailé, jouant de la mandoline ; à droite, un autre Amour, broyant consciencieusement avec une molette des couleurs sur une table de marbre. En haut la scène du portrait. A gauche une très jeune fille, presque nue, assise sur les nuages, pose pour son amant ; au centre un petit Amour tient la toile sur laquelle un jeune Amour ailé, le Génie d'Adraste, peint avec bonheur le portrait de celle qu'il aime ; à côté de lui, son arc et son carquois.

GRAND TITRE. — En bas, sur un plancher porté par des rinceaux, la scène XVIII. A gauche, Clymène, sans voile, disant au pauvre dupé (vers 716) :

Qu'un Jaloux est un Monstre, haï de tout le Monde ;

à droite, Don Pedro, s'arrachant les cheveux de désespoir. Derrière eux, et formant les montants latéraux, deux grands Termes de vieux Eunuques noirs grimaçants, coiffés de gros turbans couronnés de corbeilles pleines de fruits ; derrière chacun d'eux un tronc de palmier avec son épanouissement de palmes. En haut, le Triomphe d'Isidore ; de petits Amours, dont les ailes sont en forme de palettes de Peintre, soutiennent les bouts d'une longue draperie portant des coussins, sur lesquels Isidore assise se rit de la déconvenue du vieux Don Pèdre.

CADRE DES ACTEURS. — Le cintre d'une arcade triomphale, porté par deux larges pilastres, sur lesquels monte un cep de vigne ; les bases des deux pilastres sont reliées par une guirlande pendante, sur le milieu de laquelle est assis un petit Amour musicien, vu de dos, qui joue de la contrebasse. Devant le pilastre de droite, le prudent Hali écoute, en se dissimulant, si personne ne vient. Devant celui de gauche, l'élégant Adraste, le chapeau dans la main droite et la tête au ciel, envoie de la main gauche un baiser à la charmante Isidore. Au-dessus de l'arcade et des pilastres, un étage à trois fenêtres ; les deux latérales sont plus petites et fermées ; à celle, plus grande, du milieu, qui est accostée de deux petits Termes féminins, Isidore soulève un rideau pour regarder en bas du côté d'Adraste.

GRANDE PLANCHE. — La scène XII, v. 551-6. Adraste, aux genoux d'Isidore assise, lui tient les mains : « Ouy, charmante Isidore, — Mes regards vous le disent — Depuis plus de deux mois, — Et vous les avez entendus ; Je vous aime plus que tout — Ce que l'on peut aimer ». Dans le fond de la pièce, Don Pèdre essaie, malgré la toile du chevalet qui lui cache les amoureux, de voir ce qui se passe ; Hali, en Hidalgo bravache, lui tient les mains et, pour l'occuper, l'étourdit de ses paroles. Dans l'angle du fond de la pièce, une porte, surmontée d'un balcon, soutenu par une colonne. A terre, au premier plan, à gauche, sur le bord du tapis, la boîte à couleurs et les pinceaux d'Adraste.

EN-TÊTE DE LA PIÈCE. — Dans une scène, ouverte sur deux rues au fond et coulissée par un cadre de deux colonnes de marbre, Don Pèdre, furieux et ayant derrière lui son Esclave Isidore, beaucoup plus calme que lui, et, malgré son silence, fort intéressée à l'aventure, menace Hali ; aussi celui-ci se sauve-t-il, en se retournant pour lui lancer une menace, très sûre du résultat (scène VIII, vers 321-2) :

> . . . . . . *Nous l'aurons, dis-je,*
> *En dépit de vos dents.*

Dans le fond à droite, les Musiciens Turcs du Quatuor d'Hali, moins braves que lui, se sauvent d'une course éperdue.

— LETTRE C. — En avant de la perspective d'un fond de rue étroite, le vieux Don Pèdre, en pantoufles, coiffé d'un bonnet fourré, serrant de ses mains sa robe de chambre contre son corps et tenant sous son bras gauche une longue cochelichemarde au clair, vient de descendre les degrés de la porte de sa maison :

> *Il y a quelque temps*
> *Que j'entens chanter à ma porte,*

— CUL-DE-LAMPE. — Une rue en perspective, encadrée dans une sorte de médaillon ; celui-ci est accosté, à droite et à gauche, par deux Termes féminins finissant en rinceaux, les mains sur les hanches et du bonnet desquels sort un autre rinceau pour fermer le couronnement du médaillon. Au premier plan, Don Pèdre, tenant la main d'Adraste et la main de Clymène, entourée d'un long voile à l'orientale ne laissant passer que les yeux ; Don Pèdre, croyant que c'est la Femme d'Adraste, leur dit naïvement (scène XVII, vers 695-6) :

> *Trouvez bon qu'en ce lieu*
> *Je vous fasse toucher dans la main l'un de l'autre.*

EXTRAITS DE ROBINET ET DE SUBLIGNY. — Bande d'en-tête. Aux deux extrémités, deux Marionnettes, l'une de femme et l'autre d'homme barbu, coiffées de gros turbans et suspendues par un nœud de ruban à la fin de la révolution des rinceaux. Au milieu, deux carrosses, une chaise à porteurs et de nombreux personnages, vus de dos, se pressant pour arriver à la porte du Théâtre, accostée de deux affiches.

CUL-DE-LAMPE FINAL. — Un épanouissement de palmes, tenues au centre par un Masque Comique et s'écartant, à droite et à gauche, pour supporter deux bras de cinq lumières. Au milieu, des couples de mains d'hommes et de femmes applaudissant Hali, qui, debout dans le fond sur un plancher de scène et le chapeau à la main, adresse un salut obséquieux pour remercier les spectateurs qui viennent d'écouter et d'applaudir la Pièce.

Achevé d'imprimer a Évreux

Par Charles Hérissey

Le seize Mars Mil huit cent quatre-vingt-onze

Pour le compte d'Émile Testard

Éditeur a Paris

www.ingramcontent.com/pod-product-compliance
Lightning Source LLC
Chambersburg PA
CBHW070126100426
42744CB00009B/1750